AF259588

RAPPORT

DE LA COMMUNE

DE MORTAGNE.

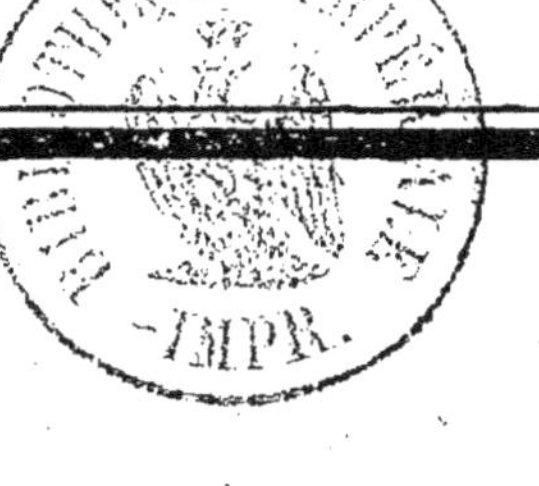

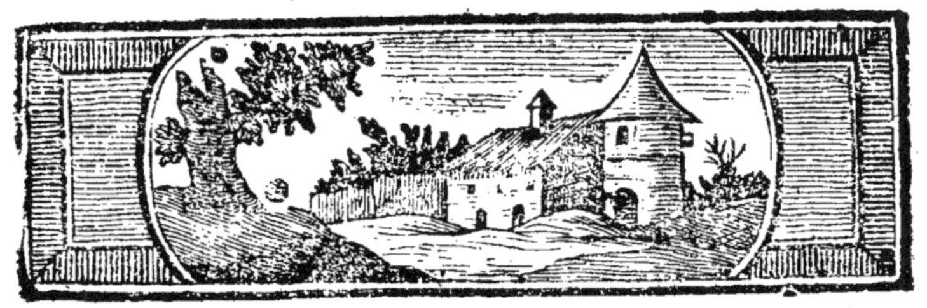

RAPPORT
DE LA COMMUNE
DE MORTAGNE,
AUX REPRÈSENTANTS
DU PEUPLE
PRÈS L'ARMÉE DE L'OUEST.

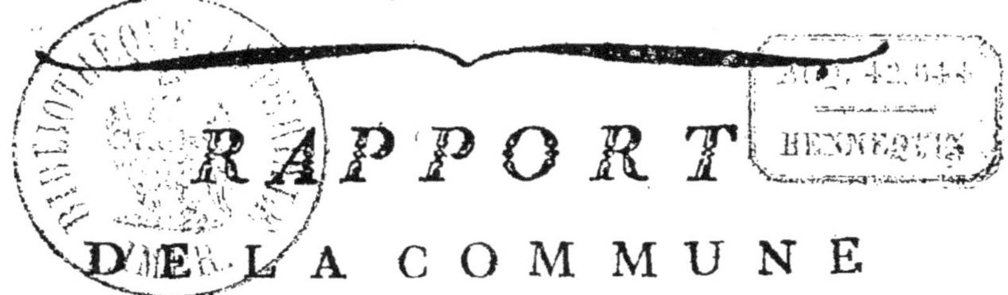

Nantes, le 7 Germinal, l'an deuxième de la
République Française, une & indivisible.

CITOYENS REPRÉSENTANTS,

LA Commune de Mortagne, sincèrement
attachée au systême Républicain, & qui

n'a d'autre crime que de se trouver malgré elle au centre de l'abominable contre-révolution de la Vendée, vous doit le compte fidèle qu'elle sait de l'évacuation presque générale de la ville & de ce qui peut y avoir donné lieu.

Les Brigands n'ont pas tellement été écrasés à Angers & au Mans, qu'il en est repassé la Loire environ cinq à six mille. Sur un mot de proclamation du Citoyen Cambon, pour lors Commandant de Cholet, une grande partie des Révoltés étoit rentrée dans ses foyers & avoit même rendu les armes ; il est de notoriété publique dans le pays que si tout ce qui restoit d'hommes dans les campagnes a repris les armes & se bat avec le courage du désespoir, c'est parce que l'armée du Nord & la division aux ordres du Citoyen Huchet, ont mis à mort hommes, femmes, enfants & vieillards. Les Brigands n'ont point actuellement de canons, ou du moins nous n'en entendions pas le tonnerre.

Le Citoyen Lefort, Commandant la ville de Mortagne, commença à faire relever les brêchés des anciens remparts, ces travaux se sont continués avec plus d'activité encore par le Citoyen Fouquerole qui lui a succédé ; sept à huit cents hommes des soixante-douxième, soixante-dix-septième Bataillon & du troisième Bataillon de l'Orne, joint à environ cent cinquante Républicains, tristes restes des citoyens de Mortagne, morts en défendant la Liberté, formoient toute la Garnison.

Pendant plusieurs semaines il a été impossible à la Commune & au Commandant, d'apprendre aucunes nouvelles des Colonnes Républicaines, ni des Garnisons de Montaigu & de Tiffauges, & ce qu'il y avoit de plus triste, c'est que tous les [Cavaliers que le Commandant envoyoit en ordonnances ne revenoient jamais; il y a toute apparence qu'ils étoient massacrés par les Brigands qui obstruoient tous les chemins au poins que personne n'osoit voyager.

Le trois Germinal, la Garnison ayant besoin de Fourrages, détacha deux cents hommes environ pour protéger le convoi. De ce nombre étoient trente à quarante Citoyens de Mortagne; une armée de Brigands qui parut tout-à-coup, les cerna & les battit de manière qu'il n'en rentra que dix à douze dans la ville. De suite cette armée qui pouvoit être de deux mille hommes se présenta en bataille hors la portée du fusil devant les remparts, & se retira le soir sans rien tenter.

Le lendemain sur les neuf heures du matin, cette armée qui s'étoit beaucoup grossie parut au même endroit & y planta deux pavillons blancs. Deux autres colo-

lonnes se présentèrent devant la porte
Nantaise & la porte Rochelaise où elles
firent de fausses attaques ; ces trois colonnes pouvoient monter à cinq à six mille
hommes. La générale eut bientôt rassem-
blé la Garnison, & tous les Citoyens en
état de porter les armes furent occuper le
poste qui leur étoit connu d'avance.

A onze heures, les Brigands attaquèrent
les portes de Saint-Louis & de Potiers par
un feu épouventable, le Commandant de
la Place, le Citoyen Lenormand, chef
du troisième Bataillon de l'Orne, dont le
nom nous est particulièrement connu, &
les autres chefs voloient sur les remparts
recommandant spécialement de ne tirer que
lorsque les Brigands seroient à portée sûre.

Les assiégeants prenant pour timidité
cet acte de prudence s'avancèrent alors avec
des échelles pour monter à l'assaut, pous-
sant des cris épouventables. Ce fut pour
lors qu'il se fit un feu d'enfer de part &
d'autre, qui dura pendant six heures &
demie, presque sans relâche. Les Brigands
ne pouvant plus tenir au feu de la place,
furent contraints de se retirer, promettant
de revenir le lendemain ; pendant le com-
bat, on voyoit les femmes porter les ra-
fraîchissements nécessaires aux Soldats &
crier avec eux : *vive la République.*

La Commune vous fait l'eloge du Commandant de la place , des chefs & de tous les soldats. Tous étoient bien disposés à vaincre ou mourir, puisque les portes de la Ville avoient été murées en dedans au contentement général ; à dix heures du soir la Commune étoit disposée à dresser son procès-verbal de cette action mémorable , lorsqu'elle apprit que le Conseil de Guerre venoit d'arrêter qu'on évacueroit la Ville à une heure après minuit, avec le plus de secret possible pour se rendre à Nantes ; ce parti étoit nécessaire parce que la Ville étoit sans munition de guerre , & qu'à peine en restoit-il pour se défendre pendant la retraite en cas d'attaque.

Le bruit de l'évacuation s'étant répandu dans la Ville, ceux qui furent avertis & qui eurent assez de force pour entreprendre le voyage, partirent sans hésiter ; nous pouvons vous assurer , citoyens Représentants , que presque tous ceux qui ont resté eussent également parti sans leur âge avancé , ou leurs infirmités , ou des enfants en bas âge , car vous voudrez bien remarquer qu'il n'y avoit aucunes voitures de transport pour les infortunés citoyens de Mortagne , néanmoins le nombre qui est parti est considérable & chacun n'a pû emporter qu'un bien foible trousseau sous son bras. Le départ se fit sur les deux heures ; le secret, l'ordre & le silence furent parfaitement observés pendant la retraite. Rendus à Tiffauges, le pont se trouva coupé & le fort évcaué depuis deux jours. Dans cette cruelle position, le Commandant, au lieu d'aller à Montaigu, comme étoit le projet, fit prendre la route de Clisson. A peine arrivés au Bourg incendié de Getigné, à demie lieue de la Ville, l'avant-garde trouva des brigands armés, déterminés à disputer le passage, il fallut se battre, les brigands furent repoussés jusqu'à Clisson, où ils furent encore délogés ;

Rendus au Palet, on apperçut environ trois ou quatre cents paysans embusqués dans une gorge de Montagne, au bas de laquelle étoit une petite rivière dont ils avoient grossi le gué en fermant les palles d'un moulin ; les Républicains réunis aux citoyens de Mortagne, sans avoir égard à l'avantage du poste, attaquèrent les brigands avec un feu si vif qu'ils n'y purent tenir, ils voulurent se retrancher sur la montagne, ce fut inutilement, les soldats passèrent la rivière & les chassèrent encore ; en un mot, voir l'ennemi, l'attaquer & le vaincre, furent l'affaire d'un instant ; les brigands ont perdu plusieurs d'entre eux dans ces trois actions, & la République n'a eu qu'un homme de blessé. Tout le convoi fut contraint de passer la rivière à gué, les enfants n'en furent pas exempts eux-mêmes ainsi que les femmes. Enfin, après vingt-six heures de marche sans s'arrêter, & par des chemins difficiles & détournés qui firent faire 13 lieues pour 10, qu'il y a de Mortagne à Nantes, la troupe & le convoi arrivèrent à trois heures du matin sous les murs de Nantes, à neuf heures, tout est entré dans la ville, & c'est delà que la Commune de Mortagne s'empresse de vous donner ces détails qui vous instruiront que les brigands ne sont pas tous détruits & que vraisemblablement ils auront entré dans Mortagne après le départ de la garnison. Peut - être ignorez-vous que Mortagne n'a pas reçu une seule loi de la Convention pendant tout le temps de la contre-révolution.

Nous sommes avec fraternité, vos frères de la Commune de Mortagne.

Certifié conforme à l'original, & délivré par nous soussignés Membres de la Commune de Mortagne.

Signé BUREAU, Maire ; SACLIER, Officier Municipal; LAFUY, LAURIER, Officiers-Municipaux ; BARÉ, Notable ; GOURIN, aîné, Notable; GROLLEAU, Notable ; LUCAS, Officier-Municipal ; BODIN, Secrétaire-Greffier.

Déclaration des Citoyens de Mortagne refugiés à Nantes, & arrivé le 13 Germinal 10 heures du soir.

Nous soussignés déclarons que les Républicains commandés par le citoyen Fouquerole, Commandant temporaire de la place de Mortagne, ont évacué cette place le cinq Germinal, à deux heures du matin ;

Que Landrau Lerovre, est allé ledit jour sept heures du matin, prévenir les brigands que la place étoit évacuée & qu'ils sont entrés dans la Ville au nombre de six mille, qu'ils ont d'abord coupé l'arbre sacré de la Liberté, qu'ils se sont ensuite tous portés dans les magasins de grains, qu'ils en ont enlevé ledit jour environ cinquante charrettes chargées tant de grains que farines, qu'ils ont conduits sur la route des Herbiers, & qu'ils ont continué la même opération le lendemain sur les huit heures du matin jusqu'à la fin du jour & toujours sur la même route.

Que le même jour, sur les cinq heures du soir, ils ont brûlé le ci-devant Château.

Que le six dudit mois, ces scélérats de brigands ont brûlé dans la soirée environ douze ou quinze maisons, appartenant aux

Républicains ; sçavoir : celles des citoyens Mérlet, Paquet, Gélot, la veuve Fournier, Lucas, Bareau, Bureau, Chouteau, Légalité, de Launay, Gourin, boucher ; Gourin, cordonnier ; des Fontaines, Bodin, Libeau, Lambert, & Chemineau, & d'autres, dont nous ne sçavons pas les noms.

Que le soir de leur arrivé, ils ont brûlé les portes de la Ville, & démoli les fortifications en disant que les pataux n'avoient plus tant de force.

Que leur Général Marigny, déguisé en Chaudronnier, & décoré de deux croix, annonçant le signal de la tyrannie, a tué la citoyenne Jeanne Drapeau, en lui reprochant d'avoir travaillé pour les Républicains, & Catherine Brouard, femme du citoyen Louis Bureau, & qu'il a maltraité & sabré la citoyenne Gelot ;

Qu'ils ont emmené les cuirs & peaux qui se trouvoient dans les magasins militaires ;

Qu'ils n'ont fait aucune résidence dans la place ce Mortagne, & qu'ils se sont retirés tous les soirs sur la route des Herbiers, & qu'une grande partie s'éparpilloit dans les campagnes, tant sur la route de Vreusau, de Cholet, que de Saint-Laurent.

Que la colonne Républicaine, du citoyen Grignon, est entrée le huit Germinal, dans la place de Mortagne, entre onze heures & midi & que la colonne du citoyen Cordelier est arrivée le même jour à deux heures de l'après - midi, & a bivouaqué autour de la Ville.

Et que les deux colonnes sont parties avec les soussignées, le neuf à huit heures du matin, qu'ils ont conduites jusqu'à Montaigu, & qu'à Montaigu, un détachement les a accompagnées jusqu'à Nantes. Les citoyennes veuve Drapeau, Gourdon, Thomaseau, Paquier, Gaborau, Letaliant, Vincendau, Marie Paquier, Loursen, Libeau, veuve Renoud; Denau, Brin, ont déclaré ne sçavoir signer & ont certifié la déclaration sincère & véritable.

Fait au Comité de surveillance de la Société Républicaine de Vincent-la-Montagne de Nantes, le 14 Germinal de l'an deuxième de la République Française, une & indivisible & impérissable.

Signé LACHOUTEAU, la citoyenne GELOT, MARIE PAGUEAU, MARIE HUCHON, ROSE PEGNEAU, GABRIELLE GOURDON.